Musical
ニャーロの一日
ヴォーカル・ピアノ伴奏

太陽がサンサンと入るステキな出窓の

ある家、そこにニャーロは住んでいます。

ニャーロの家族はいつも明るく楽しいママ

皆を温かく見守るパパ、ニャーロとふざけたり

けんかしたりする友達のような子供達がいます。

そしてニャーロには自由に外出してできた

親友や、仲良しの猫仲間がいます。

そんなニャーロの一日を、皆さんと

一緒にのぞいてみましょう。

ニャーロの一日

Overture ～ 序曲 ～

♪ 客席後方から登場　（宣伝猫）舞台向かって行進

♪ pfのそばに 寄って見る　pf演奏者が に弾いてみるよう交代する

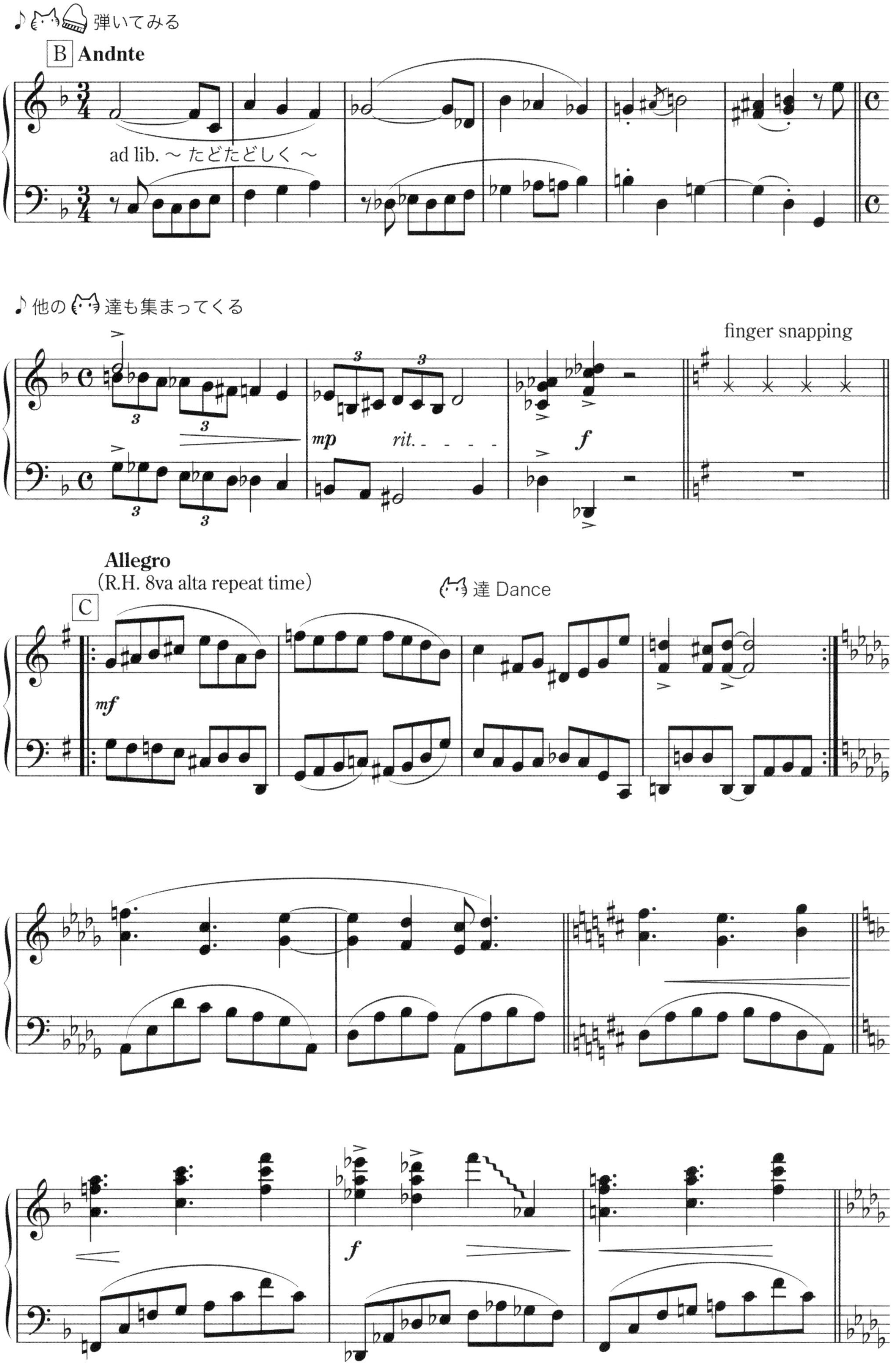
♪ 弾いてみる
B Andnte
ad lib. ～ たどたどしく ～
♪ 他の 達も集まってくる
finger snapping
mp
rit.
f
Allegro
(R.H. 8va alta repeat time)
C
達 Dance
mf
f

8va
f
mf
D
(8va)
(repeat time)
(8va)
ff (R.H. al loco repeat time)
8va
f
8va
mf
(8va)
f
ff

♪ニャーロ Solo　♪他の　達 ニャーロの周りに

～ おれ様はニャーロ ～

Andantino ♩= 110
Piano
mp
mf
Vo.
Pf.
A
おれ さま は
(D.S. time repeat)
mp
1. ニャ ーロ みんなそう よ ぶ け れど ほ ん と
2. い いな たとえば ア ン ソ ニー そ れ と
3. ニャ ーロ いつでも じ ゆ う ーに で は い
4. る のさ たまには あ そ び ーに き て も
to Φ 1.
は もっ と す て き な な ま え つけ てほ し
も ピエー ル な ん か
り でき る い え を ね い く つ かも って い
い いよ か ん げ い

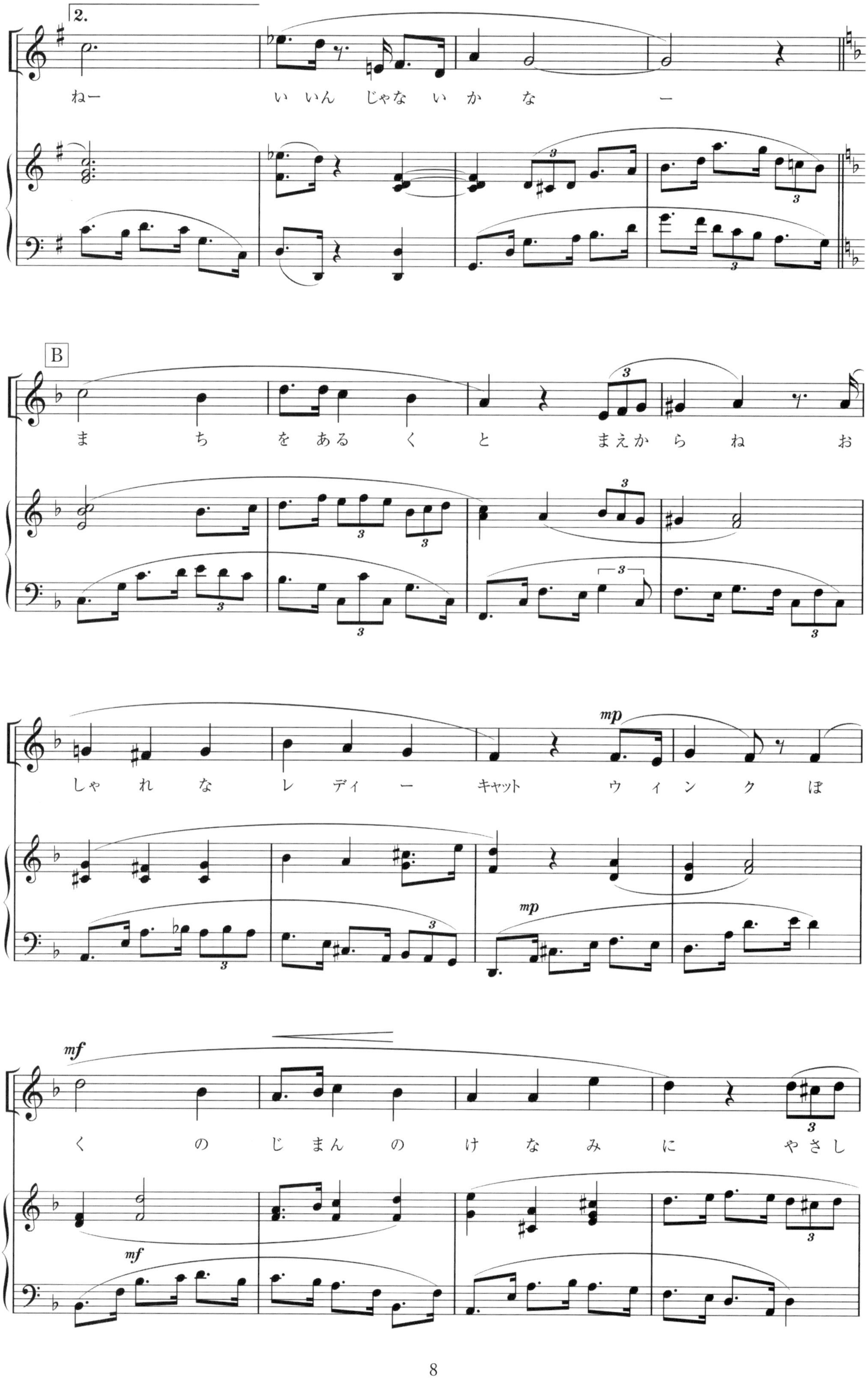
2.
ねー いいん じゃな い か な ー
B
ま ち を ある く と まえから ね お
mp
しゃ れ な レ ディ ー キャット ウ ィ ン ク ほ
mf
く の じ まん の け な み に やさし

くほおずりして　くるよおれさまは
D.S.
Coda
C
f
さかーなをもちよって
すーるよー
mf
たのしもうニャロー　ラララララ　ラ　ララ　ラ
ニャーロー ー
mp

♪ **recitativo**

～ 待っている ～

B
mf
1.3. みまわりにい こうー
2.4. まちのすみず みまで
mf
1. 3.
1. ぼくたちのやくめ
2. みてまわろうよ
1.3. きっとどこかで
2.4. きっとだれかが
1. こまったことが
3. こまったことに
3. ぼくたちのしごと
4. みてみようーよ
1. あるかも
3. なりそう
C
2. 4.
f
ぼくたちを まってい る さぁ
f
ぼくたちを まってい る

to Φ
いこう ー ー
いこう ー
D.S.
Φ Coda
D
いこう ー
ー
ニャー ロー
ニャー ロー
ニャー ロ ニャー ロ
ニャー ロ ニャー ロ

♪ **recitativo**

Moderato ♪=92
Piano
mf
mp
rit.
A
a tempo
mp
Vo.
1. あっ と いう ま に ー く ら く なっ て
2. ほ し た ち が ー し ら せ る よ
a tempo
Pf.
ま ち の い ろ は か わ っ て い く ー
ま ち を み ん な を ま も ろ う と ー

B
Vo. I
II
ニャー ー ロ ー ニャー ー ロ ー
ニャー ー ロ ー ニャー ー ロ ー
mp
mf
ぼ く た ち の め は ひ か る ー
rit.
rit.
ぼ く た ち の め は ひ か る ひ か る
mp
rit.
8va bassa

〜 ニャーロ Rock 〜

Allegro ♩= 152
A
Vocal
ニャー ロ
ニャ ー ロ
Piano
f
mp
mf
gliss.
(D.S.time repeat)

B
mp
mf
1.おれたちー まちをまもる
2.するどくー ひかるめーさ
3.おれたちー きみをまもる
4.においをー かぎわけーる
ニャーロローック
ロッ クロック ロッ ク
おじょうさんー かぎはしめたか
よみちはー ちょっとあぶない
こまったー ことがあるなら
そろそろー ばんめしだろう
1. 3.
2. 4.
(D.S. time)
ようじんしなくちゃだめだぜー
すぐにーかけつけるぜー
すぐにかえろうよ ニャー
いえにかえろうぜ ニャー
Fine

C
ニャ ー ロ ニャ ー ロ
mf
D
1.
こえ をか けれ ば ひ とっ と び
2.
た よ り にな る
な かま がい る
ニャオ！
f
fp
D.S.

～ だいすきよ ～

♪ 夕飯考えながら歩き出す～

Coda
B
わ らっ ちゃおう
ひ ろが る よ
み ん なで
え が おが
1.
2.
す き す き だ いす きよ
す き す き だ いす きよ
だ いす きよ
だ いす きよ
(repeat time)
だ いす きよ
だ いす きよ
よ
よ

♪猫達がニャーロについて行く

♪ニャーロ Solo

〜 笑顔いっぱい 〜

♪ニャーロ家のごちそうをイメージしながらニコニコしている猫達

Moderato ♪=108
(D.C.time)
Piano
mf
A
Vo.I
Vo.II
mp
ニャロ　ニャロ　ー
(1.3.) きっ　と　お　い　し　い　ご　ち　そ　う
(2.4.) きっ　と　も　う　す　こ　し　ま　て　ば
Pf.
1.
(1.) そ　う　だ　ねぇ
(3.) ウ　キ　ウ　キ
(1.) お　な　か　いっ　ぱい　た　べ　れる　ん　だ　な　ー
(3.) お　な　か　いっ　ぱい　た　の　し　み　だ　な　ー

B
to
2.
ニャー ロ ー ニャー ロ
(2.4.)え が お いっ ぱ い ー か
だ け で ー ー ニャー ロ
ん が え る だ け で ー ー う
な る の さ ー ー ニャー ロ
れ し く な る の さ ー ー た

C
くらい たくさん
べきれなーい くらいー くらい たくさん
mf
のー おいしい もの が
mf
のー もの が
mf
f
ー ニャー ロー
f
ー ニャー ロー
8va
f
D.C.

Coda
D
え が お いっ ぱい な に が で て く る の か な
い いっ ぱい きっ と
mp
お い し い ー は ず
お い し い ー は ず
mp mf
f
さ ー
f
f
さ ー
mf f mf

ニャーロの家ではほんの少しのおかず…ごちそうが出てこない
ニャーロが皆にまあそう言わずにと皆の周りを回る

～ 気持ち次第で ～

Moderato
a tempo
2x
Piano
mf
3
rit.
mp
A
Vo.I
Vo.II
Pf.
mf
1.きやし ないの さ
2.きりか えてね え
1.ま って も き やしな い よ
2.き もち を き りかえ て ね
お かず は こ れだけ な
た べる こ と にしよ う
B
すぐなくなるよ
さあたべましょう
およいでいる さ か な
ほーーらきが つ い て
の
か
すい そうの な か で
のこ さず た べ れ ば

ぼくのごちそうに なるんじゃないかなんて
もっとうまいもの だしてくれるかもね
1.
2.
ad lib.
ちがったのガックーン
本当にー？
ガックーン
C
f
きもちしだいーでね
f
きもちしだいーでね
mf
うまくはこぶことも
mf

D
mf
あーる
だけど わすれ ないで
mp
あ る た のしま なくちゃもっと だけど わすれ ないで
f
みんなに わけてあ げ よ うー
みんなに わけてあ げ よ うー
8va

Allegretto ♩= 120
Vocal I
Vocal II
Piano
mf
A
mf
なあん　だ なあん　だ　こ い よ こ い よ と　さ そ わ れ た け れ ど
B
3
1.
あん　ま り たべられ な　か　っ　た な
さっ　ぱ り たべられ な　か　っ　た ね
mp
あん　ま り
さっ　ぱ り
がっ　か り

C
2.
なん　にもない　や　どっかいこ　う　ぜ
ニャ　ーロなん　か　おいていこ　う　よ
mp
そう　だな
そう　だ
mf
いこ　う
いこ　う　ー　ー　ー
いこ　う
いこ　う　ー　ー

猫達去っていく

♪ そんな…（ニャーロと一緒にいる親友猫が泣き出す）

みんな待ってよ　ねえ待って…
ニャーロが泣いてる猫をなぐさめる

～ Lovely Cat Song ～

2.
B
ないて ばかりー
p
だから ー あたたかく
だから
p
だから ー あたたかく
いれば ー
くるまって いれば ー ーこ
こ
くるまって いれば ー

こ ろ が い つ の ま に か ひ ら ー く の さ
こ ろ が
い つ の ま に か ひ ら ー く の さ
8va
み て ご ら ん よ
mf
ほ ら ご ら ん ー
mf
ほ ら ご ら ん ー ー
mf
ほ ら ご ら ん ー ー
(8va)
mf

C
さぁせかいでは
ぼくらのせかいではかんしょうし
ぼくらのせかいではせかいではかんしょうし
ぼくらのせかいではかんしょうし
8va
しないのさそばにいるだけーで
ないさそばにいるだけーで
ないさそばにいるだけーで
ないさそばにいるだけーで

f
きっと ー も う ー
f
きっと ー も う ー
f
Hum きっと も う ー
f
Hum きっと も う ー
8va
D
mf
8va
f
(8va)
mf

E
きみ
mp
えがおになってゆく きみを
Hum ゆく きみ
Hum ゆく きみを
mf
を ぼくがやさしくつつんであ
ー つつんであ
を Hum つつんであ
ー Hum つつんであ

F
mp
ー げ る ー
ー げ る ー か な し い き も ち
ー げ る ー
ー げ る ー
mp
mp
f
は ら い の け て ぼ く が
f
は ら い の け て ぼ く が ー き み の た め に
f
の け て ぼ く が ー
f
の け て ぼ く が ー
8va
mf
mp

そっとうたうよ
きっとうたうよ
きっとうたうよ
G
Ca - t So - ng
Lo - ve-ly Ca - t So - ng
Ca - t So - ng
Ca - t So - ng
rit.
8va

♪場面かわって…家の中

♯片付け・おそうじするママ　♯椅子に座って新聞を読むパパ　♯子ども達はコタツに入っておしゃべり

～ いつものこと ～

1. 3.
(Tutti)
さっきまでねころんでいたのに
さっきまでたべていたのーにー
さっきまでねころんでいたのに
さっきまでたべていたのーにー
2. 4.
rit.
もういつものことだけど
rit.
もうことだけど
(R.H. 8va alta D.C.time)
rit.
Fine
a tempo
C
(repeat time)
mp
(repeat time)
1.
mf
2.
mf

D
mf
こんど ば か りは きつく
かるく な が しちゃ だめよ
mp
かえって き たら きつ
いつもの こ とと ニャー
1.
2.
きつく いって おくわ だめだめ はん せい し ましょう
く きつく いって おくわ ロ だめだめ はん せい し ましょう
8va
E
mf
D.C.

♪ニャーロと親友猫は　家に戻りながら ～

Allegretto ♩= 116
to ⊕
1.
2.
Piano
A
Vo.I
Vo.II
Pf.
1. そう だニャー ロ　こ た つ に は い ろ う　よ　ニャー
2. そう だニャー ロ　さ む く な っ て き た　ね　ニャー
こ た つ　こ た　つー
ぬ く ぬ く し て　2x　あっ た か い よー
い っ しょ に は い ろう　あっ た か い よー
あっ た か い よ ー
B
ゆ た ん ぽ も　あ る　よ
あ る　よ
D.S.
⊕ Coda
8va bassa

～ ニャーロのあったかパラダイス ～

Allegro ♩=134
Piano
A
Vo.
（ニャーロ達）
1.だ れ ー か は ーや くき てー よ と ー こ たつ のな かか ら
2.だ れ ー か は ーや くい れー て と ー ふ とん のな かか ら
3.だ れ ー が る すば んす るー の と ー ソ ファー にね そべ り
こ え がき こえ る
Pf.
8va
mp

ニャー ー
（ママ）
このごろのね こたつはね
このごろのね ゆたんぽはね
このじきはね ペットをね
だれかはいらないっとー ースイッチがつかない
ステキなーデザインがー ーいろいろあるーの
あずかってくれるとこー ーたくさんあるーの
B
（子供達・パパ・親友猫）
のよー ー ママがせつ
よとー ー ママがニコ
よとー ー ママがおど

め い し て る ー せ
ニ コ わ ら う ー い
り な が ら い う ー き
つ で ん も だ い じ だ け ど
ぬ の か た ち は や め て よ
も ち は な ん ご く の は ま
C
ニャ ー (ニャーロ) だれ かつ けて よ
ニャ ー はや くい れて よ
べ ー それ はな ーい よ
8va bassa

to Φ
mf
(ソ) だれ かつ けて よ
ポ カポ カす るあ れ
ぼ くだ ける すば ん
(Tutti) ニャー ロ ー の
mf
8va bassa
あっ た かパ ラダ イ ス
f
f
1.
f
D
2.
D.S.

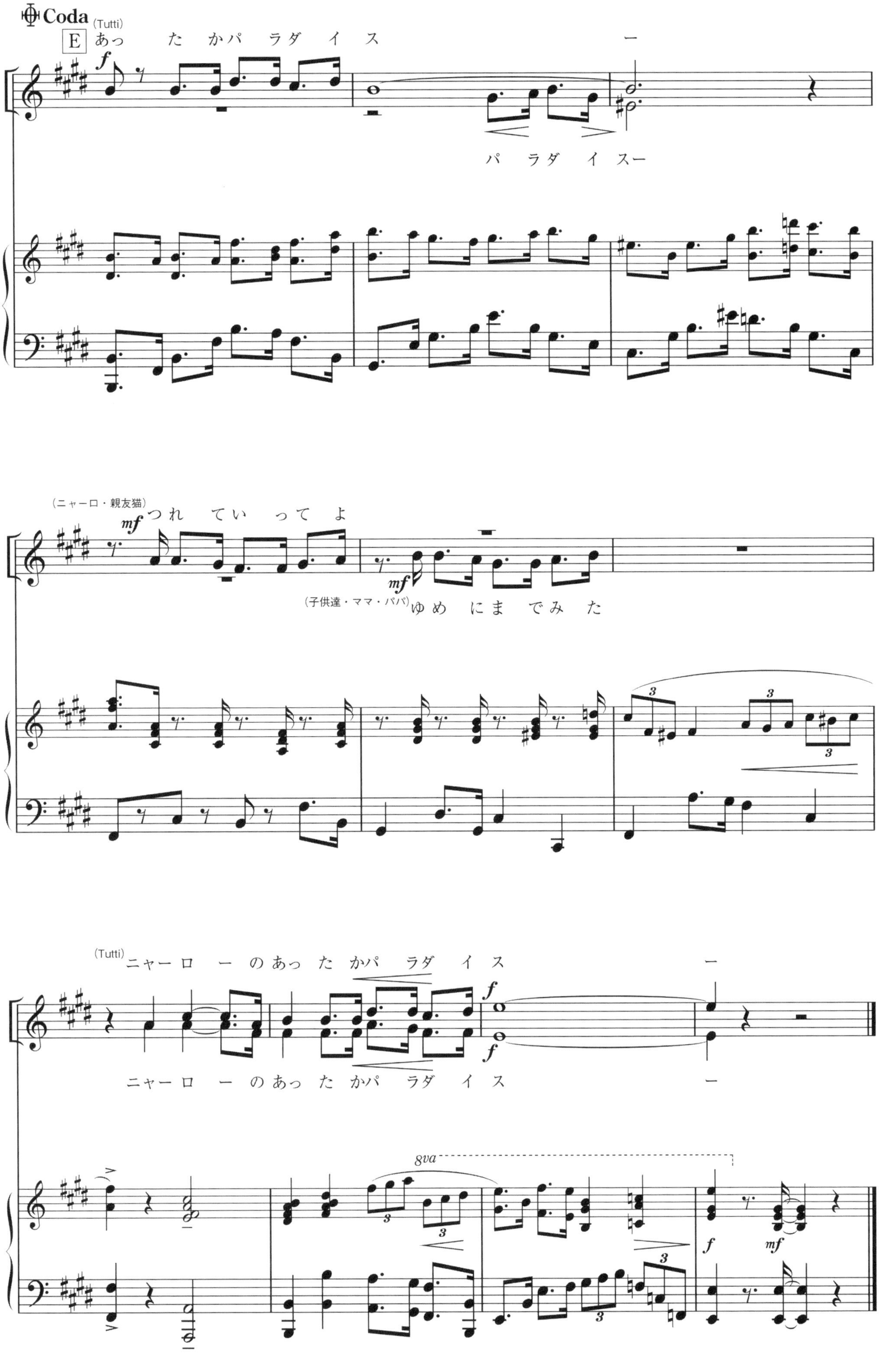
Coda
(Tutti)
E
あっ た かパ ラダ イ ス ー
パ ラダ イ スー
(ニャーロ・親友猫)
つれ てい って よ
(子供達・ママ・パパ)
ゆめ にま でみ た
(Tutti)
ニャーロ ーのあっ た かパ ラダ イ ス ー
ニャーロ ーのあっ た かパ ラダ イ ス ー
8va

♪ニャーロがっくりしている

るすばん になっちゃう の か ー ひとり ぼっち の ぼ く ー
ー
(ニャーロ親友) そ ん なこと は な い よ ニャー
mf
ロ げんきを だしてほ し い
mp
(ニャーロ友人猫) ひ と りぼっ
mf

ち じゃないの さ ほら ね ぼく た ち なかま が い
わたしたち なかま が い
る さ ー ニャー ロー
る さ ー ニャー ロー
ニャー ロー ニャー ロー
ニャー ロー ニャー ロー
8va
8va bassa

～ なかまたち ～

Moderato ♪=76
Piano
mf
mp
rit.
A
a tempo
mp
Vo.
Pf.
1. あ し た も ま ー た ー こ ん な い ち に ち が くる き
2. あ し た に な れ ば ー た く さ ん た の し いこと な
mf
っ と な か ま た ち ー と
か ま た ち と さ がそう
mp
え が お で す ご
き っ と み つ か
1.
す ー だ ろ う
2.
る ー でしょう ニャ

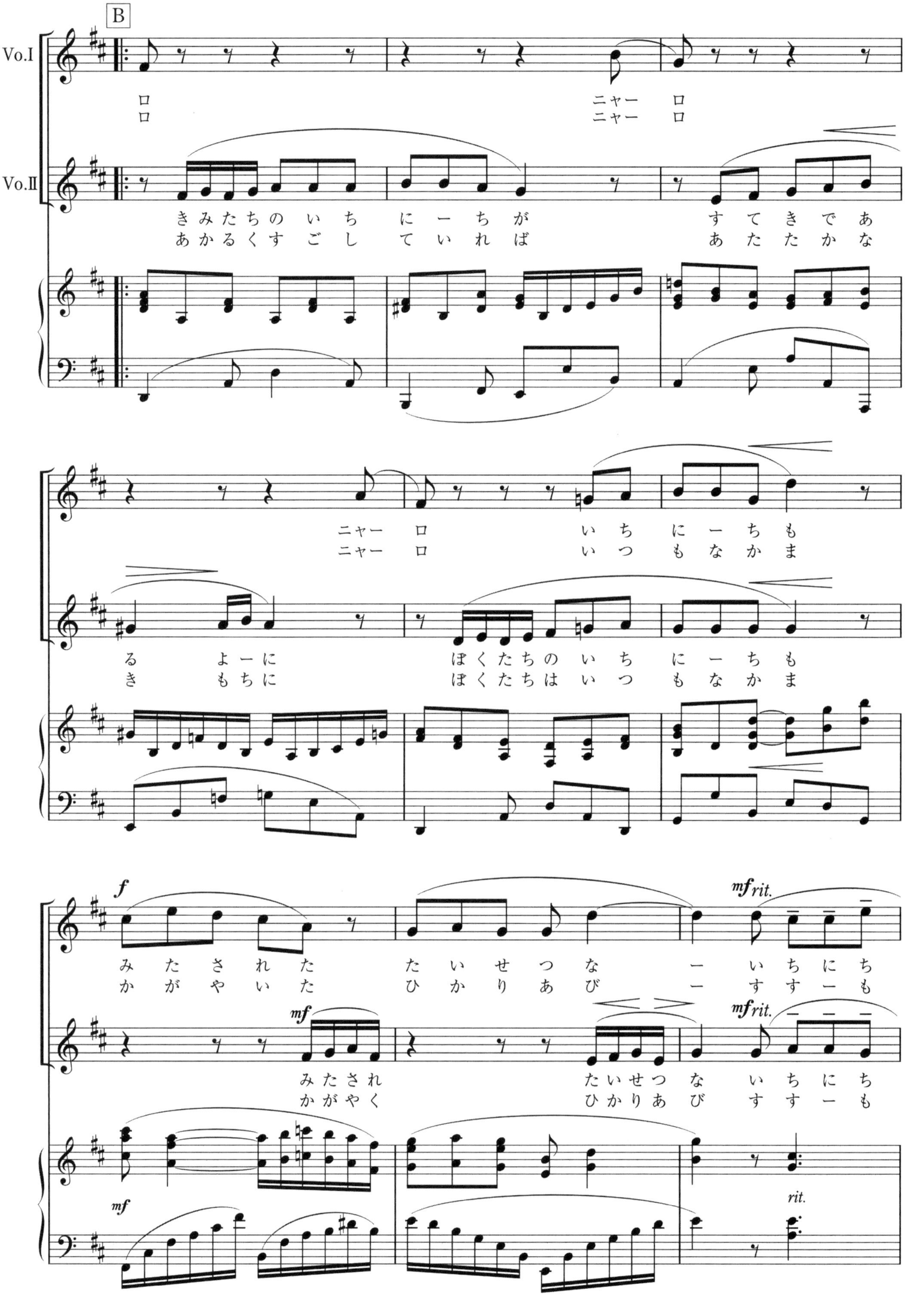
B
Vo.I
Vo.II
ロ ニャー ロ
ロ ニャー ロ
きみたちの いち にーちが すてきであ
あかるくすごし ていれば あたたかな
ニャー ロ いち にーちも
ニャー ロ いつ もなかま
る よーに ぼくたちの いち にーちも
き もちに ぼくたちは いつ もなかま
f
みたされた たいせつな ーいちにち
かがやいた ひかりあび ーすすーも
mf
みたされ たいせつな いちにち
かがやく ひかりあび すすーも
mf rit.
rit.

C
a tempo
1.
mf
に
ニャ ー
a tempo
mf
に
ニャ ー
a tempo
mp
ロー
ニャ
mp
ロー
ニャ ロ
mf
2.
mf
rit.
mp
う
ー ニャー
ロ
ー
mf
rit.
mp
う す す も う ニャー
ロ
ー
8va
rit.
mp
8va
p

ヴォーカル

♪ニャーロ Solo　　♪他の 達 ニャーロの周りに

～ おれ様はニャーロ ～

Andantino ♩= 110
Vocal
7
A
おれ さま は
(D.S. time repeat)
mp
1. ニャ ーロ みんなそう よ ぶ け れど ほ ん と
2. い いな たとえば ア ン ソ ニー そ れ と
3. ニャ ーロ いつでも じ ゆ う ーに で は い
4. る のさ たまには あ そ び ーに き て も
to
1.
は もっ と す て き な な ま え つけ てほ し
も ピエー ル な ん か
り でき る い え を ね い く つ かも って い
い いよ か ん げ い
2.
ねー い いん じゃな い か な ー
B
ま ち を あ る く と ま え か ら ね お
mp
しゃ れ な レ ディ ー キャット ウ ィ ン ク ぼ
mf
く の じ まん の け な み に や さ し

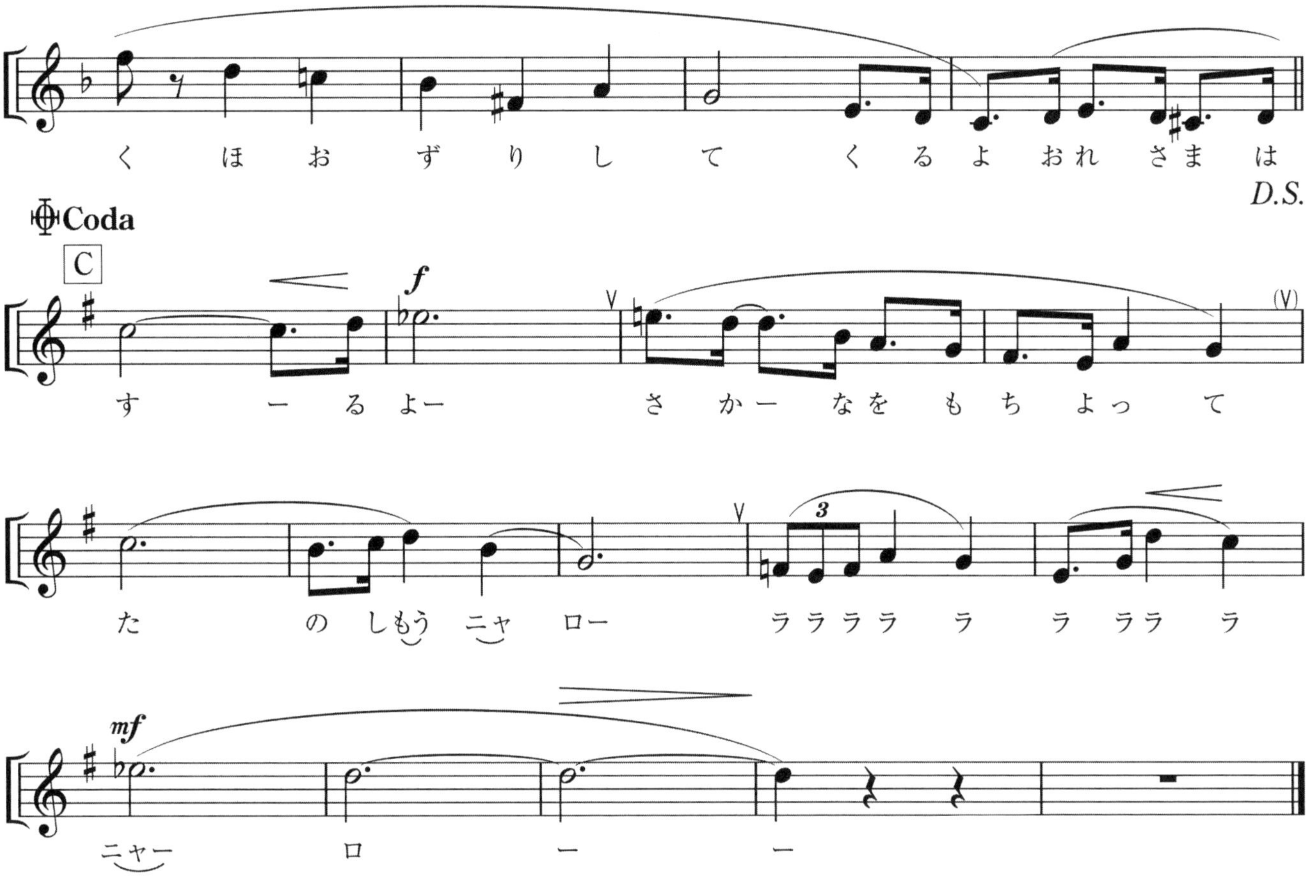
く ほ お ず り し て く る よ お れ さ ま は
D.S.
Coda
C
f
す ー る よー さ か ー な を も ち よ っ て
た の し も う ニャ ロー ラ ラ ラ ラ ラ ラ ラ ラ ラ
mf
ニャー ロ ー ー

♪ recitativo

～ 待っている ～

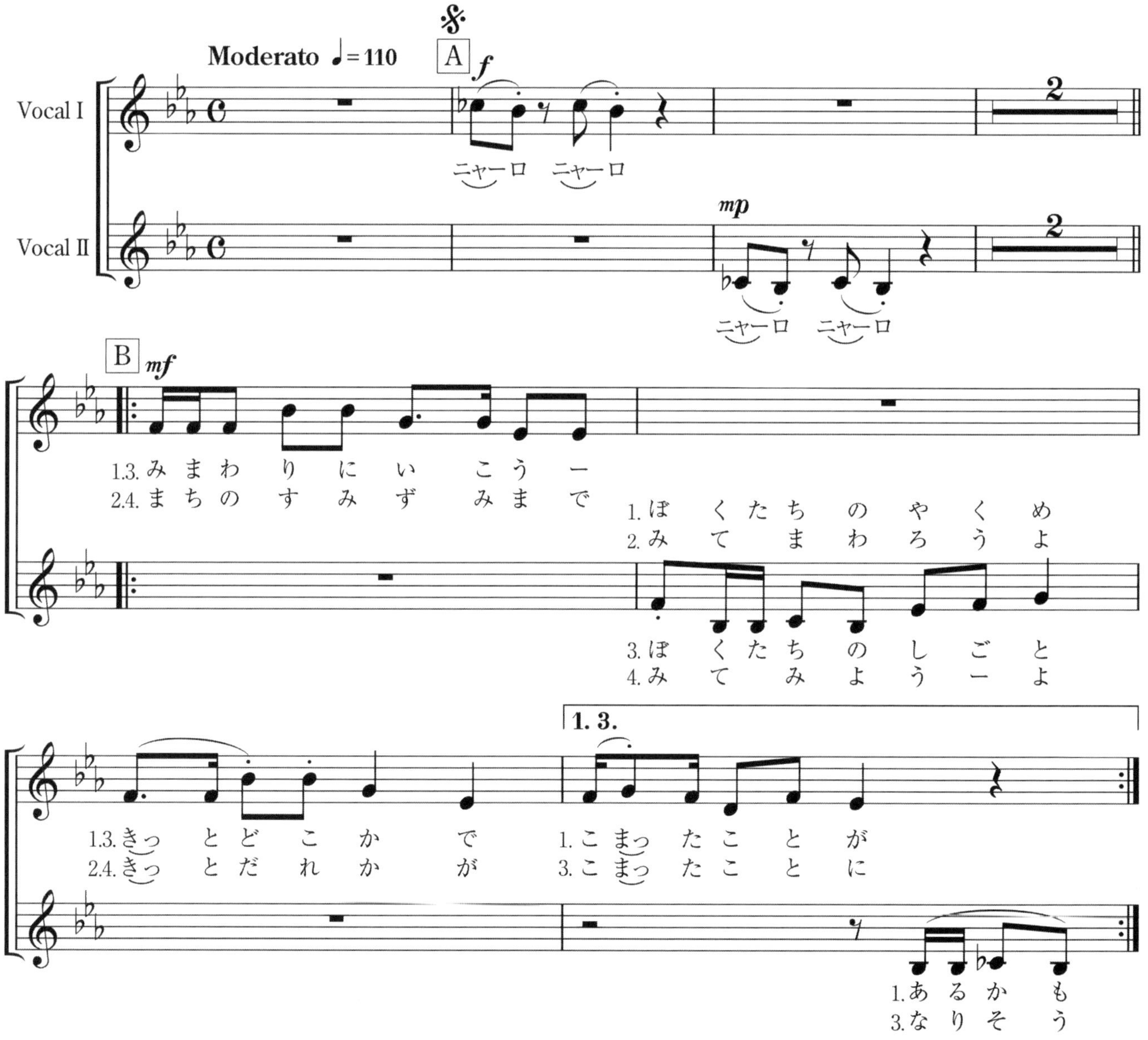

C
2. 4.
f
ぼくたちを
まっている
さぁ
ぼくたちを
まっている
mf
いこう ー
to Φ
ー
いこう ー
D.S.
Φ Coda
D
mp
いこう ー
ー
ニャー ロー
ニャー ロ
ニャー ロ
ニャー ロー
ニャー ロ
ニャー ロ

♪ **recitativo**

Moderato ♪= 92
rit.
Vocal
7
2
a tempo
A
mp
1. あっ と いう ま に ー く ら く なっ て
2. ほ し た ち が ー し ら せ る よ
ま ち の い ろ は か わ っ て い く ー
ま ち を み ん な を ま も ろ う と ー
B
I
II
ニャ ー ー ロ ー ニャ ー ー ロ ー
ニャ ー ー ロ ー ニャ ー ー ロ ー
ぼ く た ち の め は ひ か る ー
rit.
ぼ く た ち の め は ひ か る ひ か る
rit.

〜 ニャーロ Rock 〜

Allegro ♩= 152
A
ニャ ー ロ
ニャ ー ロ
2
(D.S.time repeat)

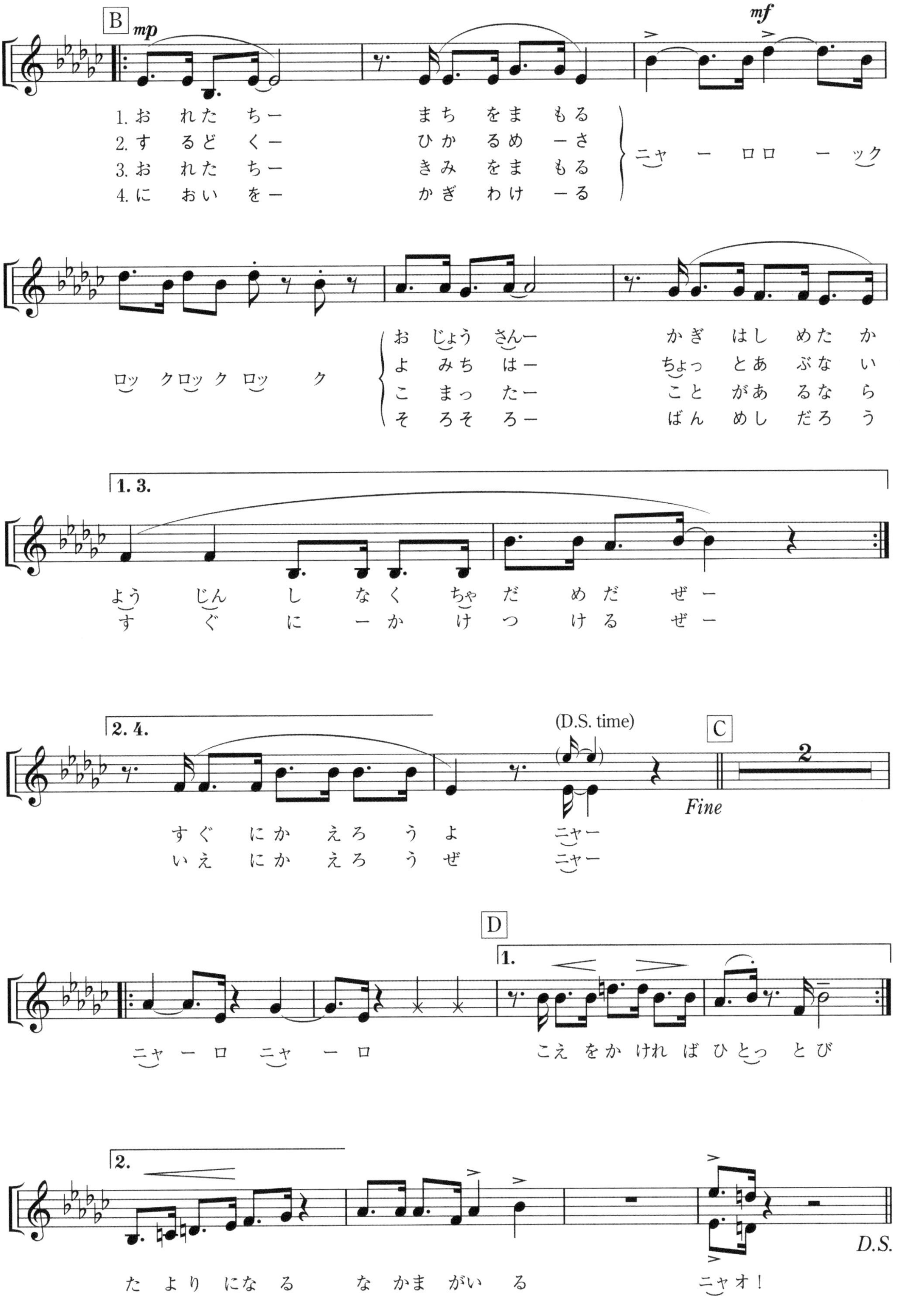
B
mp
mf
1. おれたちー まちをまもる
2. するどくー ひかるめーさ
3. おれたちー きみをまもる
4. においをー かぎわけーる
ニャーロローック
ロックロックロック
おじょうさんー かぎはしめたか
よみちはー ちょっとあぶない
こまったー ことがあるなら
そろそろー ばんめしだろう
1. 3.
ようじんしなくちゃだめだぜー
すぐにーかけつけるぜー
2. 4.
(D.S. time)
C
2
Fine
すぐにかえろうよ ニャー
いえにかえろうぜ ニャー
D
1.
ニャーロ ニャーロ
こえをかければひとっとび
2.
たよりになる なかまがいる
ニャオ！
D.S.

〜 だいすきよ 〜

A ♪夕飯考えながら歩き出す〜
Allegretto ♩= 112
Vocal I
Vocal II
1. 2. だ いす きよ
1. 2. だ いす きよ
す き す き だ いす きよ
わ けよ うね
わ けま しょう
す き す き だ いす きよ
み ん なに
to Coda
す き す き だ いす きを
す き す き だ いす きを
D.S.
Coda
B
み ん なで
え が おが
わ らっ ちゃおう
ひ ろが る よ
す き す き だ いす きよ
す き す き だ いす きよ
(repeat time)
だ いす きよ
だ いす きよ
よ
だ いす きよ
だ いす きよ
よ

♪猫達がニャーロについて行く

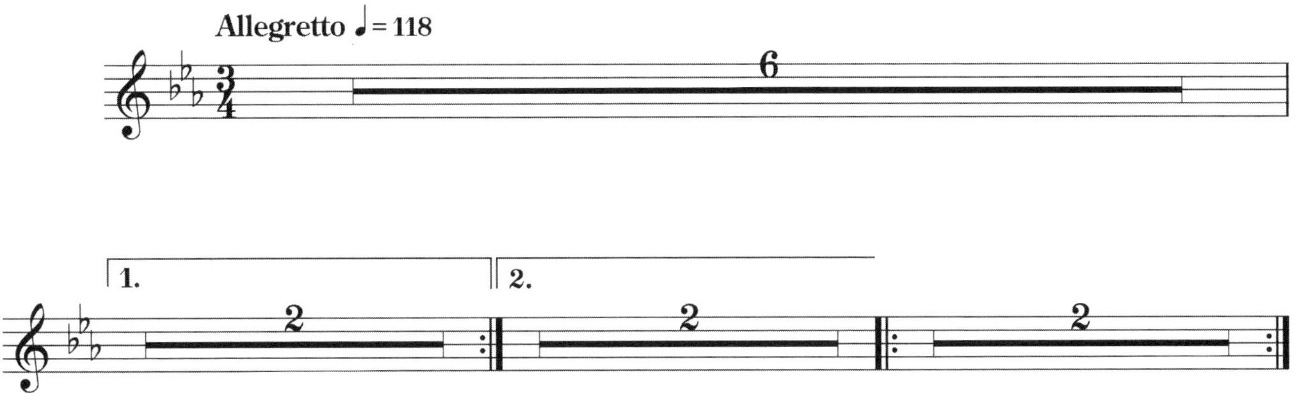
Allegretto ♩= 118
6
1.
2.
2
2
2

♪ニャーロ Solo

A
fp
さぁ ここがね ぼくのうちー
さぁ みんなはいってー
くつろいでほしいー
B
おはいり
rit.
rit.
どーうぞ おはいり

～ 笑顔いっぱい ～

♪ ニャーロ家のごちそうをイメージしながらニコニコしている猫達

Moderato ♪=108
A
Vocal I
Vocal II
4
mf
mp
ニャロ ニャ ロ ー
(1.3.) きっと おい しいごち そ う
(2.4.) きっと も う すこしまて ば
1.
(1.) そ う だ ねぇ
(3.) ウ キ ウ キ
(1.) お な か いっ ぱい た べ れ るん だ な ー
(3.) お な か いっ ぱい た の し み だ な ー
B
to Φ
2.
ニャー ロ ー ニャー ロ だ
(2.4.) え が おいっ ぱ い ー か んがえる だ
け で ー ー ニャー ロ な る
け で ー ー う れ し く な る

のさーーニャーロ
のさーーたべきれなーい
C
くらいたくさんのー
くらいーくらいたくさんのー
mf
f
おいしいものがーニャーロー
mf
f
ものがーニャーロー
D.C.
Coda
D
えがおいっぱいなにがでてくるのかな
いいっぱいきっと
f
おいしいーはずさー
f
おいしいーはずさー
2

～ 気持ち次第で ～

Moderato
rit.
a tempo
Vocal I
Vocal II
A
mf
1.きやし ないの さ
2.きりか えてね え
1.ま って も き やしな い よ
2.き もち を き りかえ て ね
お かず は こ れだけ な
た べる こ と にしよ う
B
すぐなくなるよ
さあたべましょう
の
か
すい そう の な か で
のこ さず た べ れ ば
およいでい る さ か な
ほーーらき が つ い て
1.
ちがっ た の ガック―ン
ぼく のごち そ う に
なるんじゃな い か な ん て
もっ とう ま い も の
だし て く れ る か も ね
ガック―ン

C
2. ad lib.
本当にー？
きもちしだいーでね
きもちしだいーでね
うまくはこぶことも
D
あーる
だけどわすれないで
あ る
たのしまなくちゃもっと
だけどわすれないで
みんなに
わけてあげようー
みんなに
わけてあげようー
3
3

Allegretto ♩= 120
Vocal I
Vocal II
A mf
なあんだなあんだ
こいよこいよと
さそわれたけれど
B
あんまりたべられなかったな
さっぱりたべられなかったね
あんまり
さっぱり
1.
2.
mp
がっかり
そうだな
C
なんにもないや どっかいこうぜ
ニャーロなんか おいていこうよ
そうだ
いこう
いこうーーー
いこう
いこうーー

♪ そんな…（ニャーロと一緒にいる親友猫が泣き出す）

みんな待ってよ　ねえ待って…
ニャーロが泣いてる猫をなぐさめる

～ Lovely Cat Song ～

いれば ー
いればー ーこころがいつのまにかひら
こころが
いれば ー いつのまにかひら
C
みてごらんよさぁ せか
ーくのさ ほらごらん ー ぼくらのせか
ほらごらん ー ー ぼくらのせか
ーくのさ ほらごらん ー ー ぼくらのせか
いでは しないのさ そばにいるだ
いでは かんしょうしないさ そばにいるだ
いではせかいでは かんしょうしないさ そばにいるだ
いでは かんしょうしないさ そばにいるだ

f
けーで きっと ーもうー
f
けーで きっと ーもうー
f
けーで Hum きっともうー
f
けーで Hum きっともうー
D
E
8
mf
きみを ぼ
mp
8
えがおになってゆく きみをー
8
Hum ゆく きみを
8
Hum ゆく きみをー
くがやさしくつつんであーげるー
mp
つつんであーげるー か
Hum つつんであーげるー
Hum つつんであーげるー

F
f
はらい のけて ぼく が
なしい きもち はらい のけて ぼ くが ーきみのために
のけて ぼ くが ー
のけて ぼ くが ー
G
mf
そ っと うたうよ Lo - ve-ly Ca - t
きっと うたうよ Ca - t
So - ng
4

♪場面かわって…家の中

♯片付け・おそうじするママ　♯椅子に座って新聞を読むパパ　♯子ども達はコタツに入っておしゃべり

～ いつものこと ～

Allegretto ♩= 104
Vocal I
Vocal Ⅱ
mf
mp
(子ども達)
ニャー　ロ
(ママ)
ニャー　ロ
A
8
B
(D.C. time straight)
1.4. ど こ に いっ た の か し ら
2. ち ら か し た ま ま ー ね
3. お さ ら が こん な と こ に
1. あ ら い な い わ ね
2. か た づ け な きゃ ね
3. こ ろ が っ て る わ
4. ま た い な い わ ね
1. 3.
(Tutti)
さっ き ま で ね こ ろ ん で い た の に
さっ き ま で た べ て い た の ー に ー
さっ き ま で ね こ ろ ん で い た の に
さっ き ま で た べ て い た の ー に ー

2. 4.
rit.
も う い つ も の こ と だ け ど
rit.
も う こ と だ け ど
Fine
C
1.
2.
4
4
4
4
4
4
D
mf
こ ん ど ば か り は
か る く な が し ちゃ
mp
か え っ て き た ら
い つ も の こ と と
1.
き つ く き つ く いっ て お く わ
だ め よ
き つ く き つ く いっ て お く わ
ニャー
2.
だ め だ め はん せい し ま しょう
E
6
6
ロ だ め だ め はん せい し ま しょう
D.C.

♪ニャーロと親友猫は　家に戻りながら ～

Allegretto ♩=116
Vocal I
Vocal II
to Coda
1.
2.
A
1. そう だ ニャー ロ こ た つ に は い ろ う よ ニャー
2. そう だ ニャー ロ さ む く な っ て き た ね ニャー
こ た つ こ た つー
ぬ く ぬ く し て あっ た か い よー
い っ しょ に は い ろう あっ た か い よー
2x
あっ た か い よ ー
B
ゆ た ん ぽ も あ る よ
あ る よ
D.S.
Coda

～ ニャーロのあったかパラダイス ～

Allegro ♩= 134
Vocal
10
A
(ニャーロ達)
1. だ れ ー か
2. だ れ ー か
3. だ れ ー が
は ーや くき てー よ と ー こ たつ のな かか ら
は ーや くい れー て と ー ふ とん のな かか ら
る すば んす るー の と ー ソ ファー にね そべ り
こ え がき こえ る ニャ ー
(ママ)
こ の ごろ のね こ
こ の ごろ のね ゆ
こ の じき はね ぺ
た つ はね だれ かは いら な い っ とー ー ス
たん ぽ はね ステ キな ーデ ザ イ ン がー ー い
ッ ト をね あず かっ てく れ る と こー ー た
B
(子供達・パパ・親友猫)
イッ チ がつ かな い の よー ー ママ
ろ い ろあ るー の よ とー ー ママ
く さ んあ るー の よ とー ー ママ
f
ママ が せ つ め い し て る ー せ
ママ が ニ コ ニ コ わ ら う ー い
ママ が お ど り な が ら い う ー き

つでんもだいじだけどニャー
ぬのかたちはやめてよニャー
もちはなんごくのはまべー
C
mf
(ニャーロ)
だれかつけてよ (ｯ) だれかつけてよ
はやくいれてよポカポカするあれ
それはなーいよぼくだけるすばん
to ⊕
(Tutti) ニャーローのあったかパラダイス
f
1.
2
D
2.
7
D.S.
⊕ Coda
(Tutti)
E
あったかパラダイ
スー
パラダイスー
(ニャーロ・親友猫)
mf
つれていってよ
(子供達・ママ・パパ) ゆめにまでみた
(Tutti)
ニャーローの
ニャーローの
あったかパラダイスー
あったかパラダイスー

♪ニャーロ　がっくりしている

Andante ♩= 74
Vocal
3
p
(ニャーロ)なんだよ
rit.
ぼく
Adagio ♪= 58
4
mp
るすばん　になっちゃうんだ　な　ー
るすばん　になっちゃう　ん　だ
るすばんになっちゃうのか　ー
ひとり　ぼっち　の　ぼく　ー　ー
mf
mp
(ニャーロ親友)
そ　ん　なこと　は　な　い　よ　ニャー　ロ　げんきを　だして　ほ　し　い
(ニャーロ友人猫)
ひ　と　りぼっ　ち　じゃないの　さ　ほら　ね
ぼく　た　ち　なかま　が　い
わたしたち
なかま　が　い
る　さ　ー　ニャー　ロー　ニャー　ロー　ニャー　ロー
f
る　さ　ー　ニャー　ロー　ニャー　ロー　ニャー　ロー

～ なかまたち ～

Moderato ♪=76
rit.
A
a tempo
mp
Vocal I
1. あ し た も　ま ー た　ー
2. あ し た に　な れ ば　ー
mf
こ ん な い ち に　ち　が く る　き　っ　と な か ま　た　ち ー と
た く さ ん た の　し　い こ と　な　か　ま た ち と　さ　が そ う
mp
1.
2.
え が お で す ご　す　ー だ ろ う　る　ー で しょ う　ニャ
き っ と み つ か
B
I
II
ロ　ニャー　ロ　ニャー
ロ　ニャー　ロ　ニャー
き み た ち の　い　ち　に　ー　ち　が　す　て　き　で　あ　る　よ ー に
あ か る く す　ご　し　て　い　れ　ば　あ　た　た　か　な　き　も ち に
f
ロ　い　ち　に　ー　ち　も　み　た　さ　れ　た
ロ　い　つ　も　な　か　ま　か　が　や　い　た
mf
ぼ く た ち の　い　ち　に　ー　ち　も　み た さ れ
ぼ く た ち は　い　つ　も　な　か　ま　か が や く

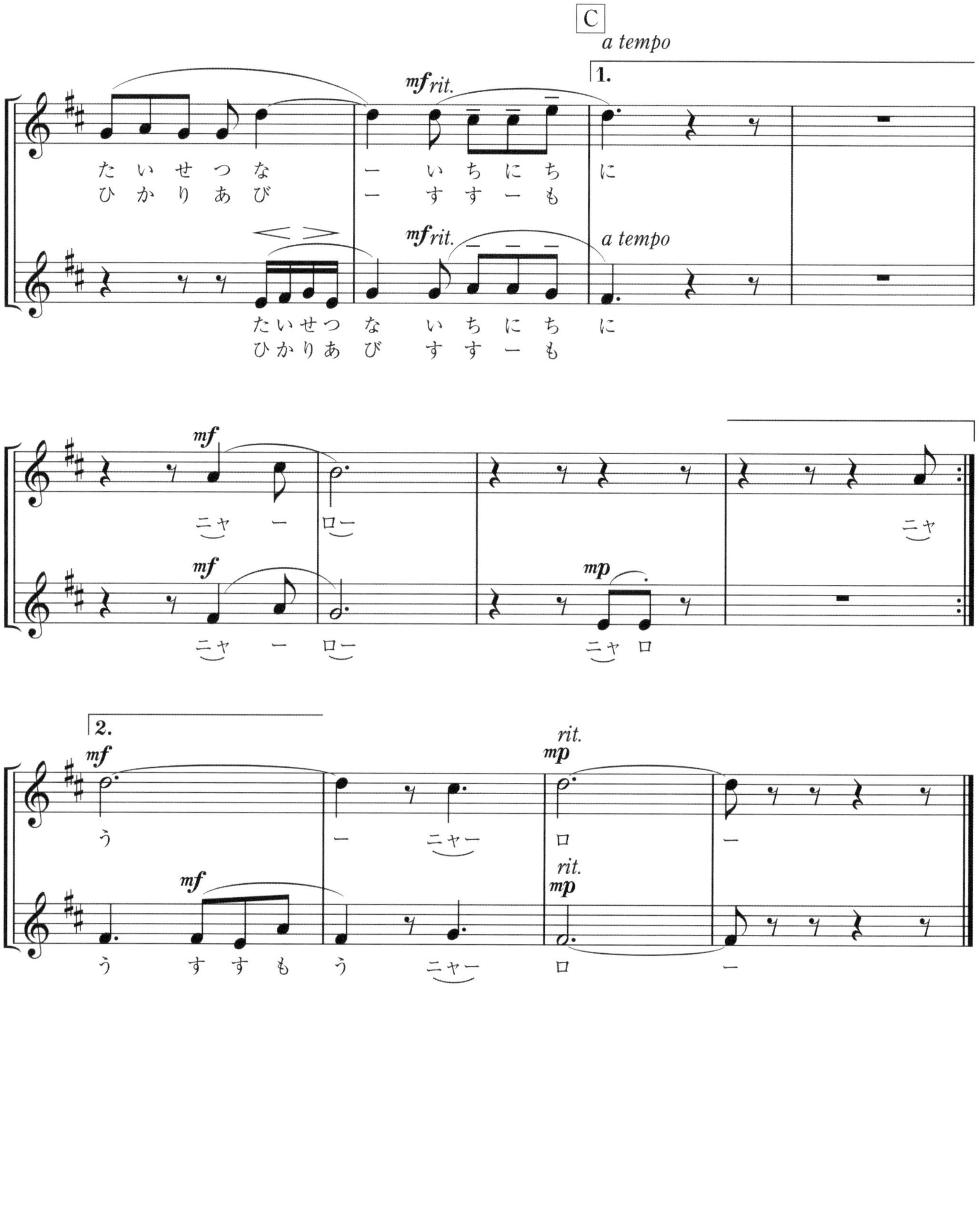
C
a tempo
1.
mf rit.
た い せ つ な ー い ち に ち に
ひ か り あ び ー す す ー も
mf rit.
a tempo
たいせつ な い ち に ち に
ひかりあ び す す ー も
mf
ニャ ー ロー ニャ
mf
mp
ニャ ー ロー ニャ ロ
2.
mf
rit.
mp
う ー ニャー ロ ー
mf
rit.
mp
う す す も う ニャー ロ ー

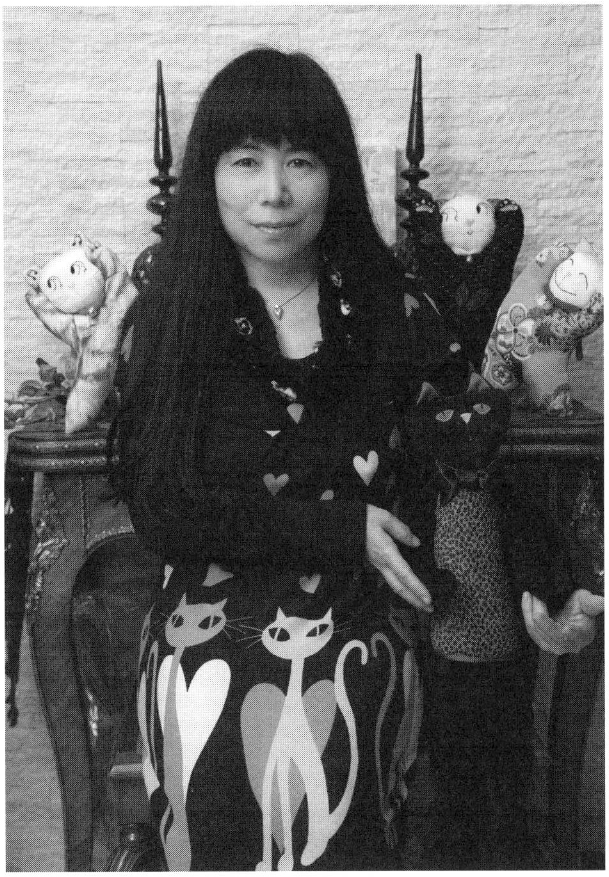

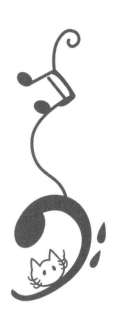

岡内 淳子（おかうち じゅんこ）

4 歳よりピアノを始め 11 歳から声楽を学ぶ。
音楽大学在学中は合唱団の伴奏・指導に力を入れる。
東邦音楽大学音楽学部ピアノ科を首席で卒業し、読売新人演奏会ではピアノ独奏と声楽伴奏で出演。その他、ピアノコンチェルトやソロ・合唱等の伴奏活動を続ける。
ピアノを井上純子・神谷郁代・宮島敏・吉村昌子、声楽を有山静枝・林祐次の各氏に師事。
2007 年公開された映画『虹色ハーモニー～マイレインボーマン』の挿入歌「心の笛」を作詞作曲し、出演する児童劇団に合唱指導。
2012 年ミュージカル『Dark Knight ～暗闇の騎士～』を手がけ 2013 年初演。
同時期より FM 西東京ラジオ音楽トーク番組「ARTE が Knight Da J★」にオリジナル楽曲を加えた構成を担当し出演中。
現在、YAMAHA システム講師、コール ARTE・もみじコーラス合唱団指導、
ミュージックスタジオ JUN 主宰、西東京文化芸術振興会理事。

ミュージカル　ニャーロの一日

2021年12月12日　第1刷発行
著　者　　岡内淳子
発行者　　森恵子
装　丁　　武藤友江
発行所　　株式会社めでぃあ森
（本　社）東京都千代田区九段南 1-5-6
（編集室）東京都東久留米市中央町 3-22-55
TEL.03-6869-3426　FAX.042-479-4975
印　刷　　シナノ書籍印刷株式会社

検印廃止

ISBN978-4-910233-07-9　C0073